CATALOGUE
DES
LIVRES FRANÇOIS,
IMPRIMÉS
Chez ARKSTÉE ET MERKUS,

IMPRIMEURS & LIBRAIRES A AMSTERDAM & A LEIPZIG,

Et de ceux dont ils ont nombre d'Exemplaires.

M DCCLXVII.

Les Articles marqués d'un * ne se donnent qu'à l'argent avec un rabais raisonnable.

A.

Abregé Chronologique de l'Histoire du Nord, par Mr. de la Combe, 2 vol. 8. 1763.   8. ...

Abregé de l'Histoire des Plantes usuelles, par J. B. Chomel, 3 vol. 12. Paris. 1738.   9. ...

Abregé de la Vie des plus fameux Peintres, par Mr. de Piles. Nouv. Edit. revue & corrigée, 12. Amst. 1767.   3. ...

Abregé de la nouvelle Methode Grecque de Port-Royal, 8. Amst. 1730.   2. 10

Académie des Jeux, Nouvelle Edition considérablement augmentée, 8. 3 vol. 1753. avec fig.   9. ...

* Actes, Mémorires & autres Piéces authentiques concernant la Paix d'Utrecht, 7 vol. 12. fig. 1714.   30. ...

Alcoran de Mahomet, 3 vol. 12. sous presse.

Alcoran des Cordeliers en Latin & François, Nouv. Edit. avec des fig. par B. Picart, 2 vol. 12. Amst. 1734.   15 ...

Amusemens de la Chasse & de la Pêche, où l'on enseigne à prendre toutes sortes d'Oiseaux & d'Animaux à quatre piés, cinquiéme Edition augmentée d'un Dictionaire de tous les termes usités pour la Chasse & la Pêche, & de beaucoup d'autres choses necessaires, 12. 2 vol. avec figures 1743.   9. ...

Amusemens d'un Homme des Lettres, ou jugemens raisonnés des Livres qui ont parus en 1759. 2 vol. 12. Paris 1760.   6. ...

Anecdotes Ecclésiastiques, conten. la Police & la Discipline de l'Eglise depuis son Etablissement jusqu'au XI. Siecle, tirées de l'Histoire de Naples de Giannone, 8. Amst. 1738.   2. 10

Anecdotes Historiques, Militaires & Politiques de l'Europe, depuis l'élevation de Charles-Quint au Trône de l'Empire jusqu'au Traité d'Aix-la-Chapelle en 1748. par Mr. l'Abbé Raynal, 3 vol. 12. Amst. 1753.   7. 10

—— dito Tome 3. à part, 1756.   2. 10

Annales d'Espagne & de Portugal, avec la Description de ces deux Royaumes, avec des Cartes & beaucoup de Figures, 4 vol. 4. Amst. 1741.   48. ...

Anti-Paméla, ou la fausse Innocence découverte dans les Avantures de Sirène, traduit de l'Anglois, par Mr. de M**. 12. 1743.   3. ...

Art (l') de bien parler François, par Mr. de la Touche, septiéme Edition, 12. 2 vol. 1760.   6. ...

Art de monter à Cheval, par Mr. le Baron d'Eisenberg. Nouvelle Edition augmentée de l'Antimaquignonage &c. & d'un Dictionaire des Termes du Manége Moderne. Folio Longo, 1759-1764. avec des figures de B. Picart.   36. ...

Antimaquignonage pour éviter la surprise dans l'emplette des Chevaux, où l'on traite de leur perfection & de leurs defauts, par le Baron d'Eisenberg, avec fig. folio longo, Amst. 1764.   9. ...

Attaque & la Défense des Places décrite par Mr. le Maréchal de Vauban, & démontrée en plans & figures diſtinctes, gravés très proprement en taille douce, 2 vol. 4. Haye, 1737 - 1765.   30. ...

Avantures (les) de Gil-Blas de Santilane, par Mr. Le Sage, 4 vol. 12. Amſt. 1767. avec des belles figures de Punt.   12. ...

———— dito le Tome 4 à part.   3. ...

Avantures (les) de la Madona & de François d'Aſſiſe, 8. fig. 1750.   3. ...

Avantures (les) de Néoptoléme fils d'Achille par Mr. Chanſierges, 8. 1747.   2. ...

Avantures galantes (les) de Mr. Le Noble, 12. 1750.   1. 10

B.

Bayle, Oeuvres diverſes de Philoſophie & de Litterature qui ne ſont point compris dans ſon Dictionaire, Tome 4. folio Haye. 1727.   20. ...

Bible (la Ste.) nouvelle Verſion Françoiſe, par Mr. Charles le Céne, fol. 2 vol. 1741.   30. ...

Bible (la Ste.) avec des Notes, par Martin, 2 vol. 8. à Baſle, 1760.   7. ...

Bible de poche, par Martin, 12. ſous preſſe.

Bibliothéque Françoiſe, ou Hiſtoire Litteraire de France, 42 vol. 8. Amſt. 105. ...

Bibliothéque Brittannique, ou l'Hiſtoire Litteraire de la Grande-Bretagne, 45 parties, 8. Haye. 1740.   66. ...

C.

* Cabinet (le grand) des Tableaux de l'Archi-Duc Léopold Guillaume, deſſinés par le fameux David Teniers le vieux, & gravés par les plus habiles Maîtres, fol. 1755.   120. ...

Caprices de l'Imagination, ou Lettres ſur differens ſujets d'Hiſtoire &c. 8. Amſt. 1741.   2. 10

* Cérémoniel Diplomatique des Cours de l'Europe, par Mr. du Mont, & conſidérablement augmenté, par Mr. Rouſſet, fol. 2 vol. 1739.   60. ...

Chriſtianiſme (le) raiſonnable, par Mr. Locke, 2 vol. 8. 1731.   5. ...

Comédies (les) de Térence avec la Traduction & les Remarques de Mme. Dacier Nouv. Edit. augmentée des Notes de Bentlei, Donat, Faërn &c. avec de très belles figures, 3 vol. 12. 1767.   12. ...

Commentaires (les) de Céſar, Nouvelle Edition, revue, corrigée & augmentée de Notes Hiſtoriques & Géograph. & d'une Carte nouvelle de la Gaule & du Plan d'Aliſe, par Mr. Danville; 2 vol. 12. fig. très jolie Edition, Amſt. 1763.   7. ...

Commentaire ſur les Epîtres d'Ovide, par Méziriac, 8. 2 vol. 1716.   10. ...

Conformités des Cérémonies modernes avec les anciennes, où l'on prouve que les Cérémonies de l'Egliſe Romaine ſont empruntées des Payens, par Midleton, 2 vol. 12. Amſt. 1744.   5. ...

Conſidération ſur les Cauſes de la grandeur des Romains & de leur décadence, 12. 1761.   3. ...

Conſolations contre les frayeurs de la mort, par Drelincourt, Nouv. Edition retouchée, 2 vol. 8. 1760.   6. ...

Contes Moraux, par Marmontel, Nouv. Edit. augmentée de trois Contes, 3 vol. 8. 1765.   7. 10

Contes de la Reine Marguerite de Valois, 2 vol. avec fig. de Romein de Hooghe, 8. 1740.   12. ...

Corps Diplomatique du Droit des Gens, par Mr. du Mont, fol. Tom. VII. & VIII. à part, petit papier.   50. ...

———— dito le Supplement, fol. 5 vol. à part.   120. ...

Cours Abregé de la Philoſophie Wolfienne en forme des Lettres, par Mr. J. Deſchamps, 12. 3 vol. 1743. 1747.   7. 10

Cours de Peinture par principes, par Mr. de Piles, Nouv. Edit. revue avec fig. 12. Amſt. 1767.   3. ...

Czar (le) Pierre premier en France, par le Blanc, 8. 2 vol. 1741.   4. ...

D.

Dames (les) galantes, ou la Confidence reciproque, 12. Amſt. 1737.   2. ...

Defenſe de l'Eſprit des Loix, à laquelle on a joint quelques ecclairciſſemens, 8. Haye. 1750.   ... 15

* Deſcription exacte des Curioſités Naturelles du magnifique Cabinet d'Alb. Seba, folio format d'Atlas, 4 vol. fig. Amſt. 1734 - 1766.   475. ...

* ———— dito le Tome 4 à part. 1761.   125 ...

Deſcription du Cap de Bonne-Eſpérance, par Kolbe, 3 vol. 8. fig. Amſt. 1741. 10. ...

Devoirs (les) de l'Homme & du Citoyen, tels qu'ils lui ſont preſcrits par la Loi Naturelle, par

par Puffendorf, Nouvelle Edition, 12.
2 vol. Amft. 1756.   6. ...
Devoirs des Communians, par Oftervald,
8. Haye. 1758.   2. 10
Diable (le) Boiteux, par Mr. le Sage, Nou-
velle Edition augmentée, 2 vol. 12. fig.
1759.   3. ...
* Dictionaire Hiftorique & Critique, par
Pierre Bayle, fol. 4 vol. 1740. 120. ...
Dictionaire (nouveau) Hiftorique & Criti-
que pour fervir de Supplément au Dictio-
naire de Bayle, traduit de l'Anglois & con-
fidérablement augmenté, par Mr. de Chauf-
fepié, fol. 4 vol. Amft 1750-1756. 120. ...
* Dictionaire Hiftorique & Critique, par
Louis Morery, fol. 8 vol. 1740. 120. ...
Dictionaire Néologique à l'Ufage des Beaux-
Efprits du Siécle, avec l'Eloge de Pantalon
Phœbus; Nouvelle Edition confidérable-
ment augmentée, 8. 1756.   3. ...
Dictionaire des Termes du Manége Moderne
pour fervir de Supplément à l'Art de monter
à Cheual, par le Baron d'Eifenberg, fol. lon-
go, 1747.   3. ...
Dictionaire du Citoyen, ou Abrégé Hiftori-
que, Théorique & Pratique du Commerce,
8. 2 vol. 1762.   6. ...
Dictionaire Comique, Satyrique & Bourles-
que, par Mr. le Roux, 8. 2 vol. 1752.
                             6. ...
Dictionaire Grammatical de la Langue Fran-
çoife, par Mr. Giraud, 8. Avignon 1761.
                             5. ...
Dictionaire d'Anecdotes, des Traits finguliers
& Caractériftiques, Hiftoriettes, Bons Mots
&c. 2 vol. 8. 1767.   6. ...
Dictionaire Portatif des Arts & Metiers,
2 vol. 8. 1767.   8. ...
Difcours fur l'Hiftoire Univerfelle, par Bof-
fuet, continué jufqu'à 1750. 4 vol. 12.
1755.   15. ...
——— dito le Tome I. & IV. féparement,

Difcours fur le Gouvernement, par Sidney,
Ambaffadeur d'Angleterre près le Roi Char-
les Guftave, Nouvelle Edition, 4 vol. 12.
1756.   12. ...
Difcours fur l'Ufage & les Fins de la Prophé-
tie dans les divers Ages du Monde, par T.
Scherlok, Lord Evêque de Bangor, tra-
duit de l'Anglois, par A. le Moine, 8.
1744.   3. ...
Droit (le) public de l'Europe fondé fur les
Traités conclus jufqu'en l'année 1740, par
Mr. l'Abbé de Mably, avec des remarques
Hiftoriques, Politiques & Critiques, par

Mr. Rouffet, Nouvelle Edition, augmen-
tée des Principes de Négociations, pour
fervir d'Introduction à cet Ouvrage, 3 vol.
8. Amft 1760. & 1766.   9. ...
——— dito Tome 3. à part.   3. ...

E.

Ecumoire (l') ou Tanzai & Neadarné, par
Crebillon Fils, 2 vol. 12. 1756. 3. ...
Education (l') des Filles, par Fenelon,
Nouv. Edit. où l'on a joint un Ouvrage
intitulé Inftruction pour une Jeune-Prin-
ceffe, 8. 1755.   3. ...
Egaremens du Cœur & de l'Efprit ou Mé-
moires de Mr. de Meilcour, par Mr. Cre-
billon Fils, 3 part. 12. 1765.   1. 10
Elémens de la Philofophie de Newton, par
Mr. Pemberton, traduit de l'Anglois, 8.
fig. Amft. 1755.   8. ...
Elémens de l'Algébre de Saunderfon, tra-
duit de l'Anglois, par M. E. Joncourt,
4. 2 vol. fig. 1756.   20 ...
Eloquence (l') Chrétienne, par. Mr. Gibert,
Nouv. Edit. avec des Remarques de Mr.
Lenfant, 12. 1728.   3. ...
Entretiens de Philarque & de Polydore fur
diverfes matieres de Litterature, par Mr.
la Brune, 8. 2 vol. 1733.   5. ...
Efpion (l') Turc dans les Cours des Princes
Chrétiens, ou Lettres & Mémoires d'un En-
voyé Secret de la Porte dans les Cours
de l'Europe, Tome 7. 12. Londr. 1742.
                             2. 10
Efprit (de l') 2 vol. 12. 1759. 6. ...
Efprit (l') des Loix, Nouv. Edit. confidé-
rablement corrigée & augmentée avec des
notes, qui ne fe trouvent dans aucune
Edition, 4 vol. 12. Amft. 1762. 14. ...
Effai fur divers fujets de Litterature & de Mo-
rale, par Mr. l'Abbé Trublet, fixieme
Edition augmentée par l'Auteur, 4 vol.
12. 1755 & 1760.   12. ...
——— dito Tome IV. à part, 1769. 2. 10
Effai fur les Bienfeances Oratoires, 2 vol. 8.
Amft. 1753.   5. ...
Effai fur l'Electricité, par Nolet, avec fig.
8. Haye. 1747.   2. 10
Effai fur la Cavalerie tant ancienne que mo-
derne auquel on a joint les inftructions &
les ordonnances nouvelles qui y ont rap-
port, avec l'état actuel des Troupes à
Cheval, &c. 4. Paris. 1756.   12. ...
Examen des Defauts Theologiques, où l'on
indique les moyens de les reformer, 2 vol.
12. 1744.   6. ...

                          Exif-

* Exiftence de Dieu demontrée par les Mer-
veilles de la Nature, par Mr. Nieuwentyt,
4. fig. 1760.   15. ...

F.

Fables des Abeilles, ou les Fripons déve-
nus honnetes gens, trad. de l'Anglois,
4 vol. 8. Londr. 1740.   12. ...

G.

* Galerie agréable du Monde, où l'on
voit en un grand nombre de Cartes
& Tailles douces les Principaux Empires,
Royaumes, Républiques, Provinces, Vil-
les, Bourgs & Fortreffes, les Iles, Côtes,
Rivieres, Ports de Mer &c. Comme les
Maifons de Campagne les Habillemens &
Mœurs des Peuples, leur Religion, les
Jeux, les Fêtes, les Cérémonies, les Pom
pes & les Magnificences; item les Animaux,
Arbres, Plantes, Fleurs, quelques Tem-
ples & Idoles des Païens & autres Raretés
dignes d'être vuës dans les quatre parties
de l'Univers, divifée en 66 Tomes in fo-
lio.   900. ...
Gentilhomme (le) Cultivateur, ou Corps com
plet de l'Agriculture, traduit de l'Anglois
de Mr. Hale, par Mr. Dupuy Demportes,
8 vol. 4. avec fig. Paris. 1765.   50. ...
——— le même Livre, 16 vol. 12. Paris.
1761.—1765.   48. ...
Géographie ancienne & moderne, par Du
Bois, 4 vol. 4. avec beaucoup de Cartes,
Leide, 1736.   60. ...
Géographie des Enfans, ou Méthode Abré-
gée de la Géographie divifée par Leçons,
avec la Lifte des Cartes néceffaires aux
Enfans, Nouv. Edit. confidérablement
corrigée & augmentée, par Mr. l'Abbé,
Lenglet du Frefnoy, 8. fig. 1754   2 ...
Géométrie Pratique fur le Papier & fur le
Terrein, par Mr. le Clerc, 8. 2 vol. avec
fig. 1755.   6. ...
Géomyler (le) traduit de l'Arabe, 2 vol.
12.   2. ...

H.

Héros (le) de Balthazar Gracian, 12. Amft.
1729   2. 10
* Hiftoire Univerfelle, depuis le Commen-
cement du monde jufqu'à-préfent, traduite
de l'Anglois d'une Société de Gens de Let-
tres, 4. 28 vol. avec des Cartes & des
Planches, Amft. 1742 — 1767. 336 ...
* ——— on donne auffi féparement l'Hiftoire

Moderne, 14 vol. 4. qui fait les Tom. 15.
jufqu'à 28. inclufive.   168. ...
* ——— idem tous les Tomes à part. La
fuite fous preffe.
* Hiftoire & Mémoires de l'Académie Roya-
le des Sciences depuis 1666-1698. 14 vol.
4. avec un grand nombre de figures. 180. ...
* ——— du même livre les volumes à part,
pour ceux qui ont les cinq ou fix premiers
volumes.   90. ...
Hiftoire des Juifs & des Peuples Voifins, par
Mr. Prideaux, 6 vol. 12. fig. Amft. 1755.
                                      21. ...
——— le même Ouvrage, 2 vol. 4. fig.
Amft. 1755.   24. ...
* Hiftoire de France, par le Père P. Daniel,
Nouv. Edition confidérablement augmen-
tée, 4. 17 vol. fig. Paris. 1755. 200. ...
* ——— le même Ouvrage, 12. 24 vol.
Amft. 1755 & 1758.   80. ...
* ——— la fuite du même Ouvrage à part,
contenant l'Hiftoire de Louis XIII. & les
Differtations dont on vient d'augmenter
cet Ouvrage, faifant les Tomes 17-24. Amft.
1758. 8. vol. 12.   30. ...
Hiftoire du Roi Staniflaus, où l'on voit ce
qui eft arrivé à ce Prince comme Roi de
Pologne, jufqu'à fa Retraite en Lorraine,
avec les Portraits des Grands de Polo-
gne, & autres Figures en taille douce,
2 vol. 12. Londres. 1741.   6. ...
Hiftoire de Charles XII. Roi de Suéde, par
Mr. de Nordberg, 4 vol. 4. fig. Haye
1748.   48. ...
——— le même en grand Papier. 60. ...
Hiftoire de Guftave Adolphe, Roi de Suéde,
compofée fur tout ce qui a paru de plus
curieux, & fur un grand nombre des Ma-
nufcrits, principalement fur ceux de Mr.
Arkenholz, par Mr. D. M*** Profeffeur
&c. 4 vol. 12. fig. Amft. 1764.   15. ...
——— le même livre, in 4.   15. ...
Hiftoire Métallique des XVII Provinces des
Pays-Bas, depuis l'Abdication de l'Empe-
reur Charles V. par Mr. van Loon, 5 vol.
avec plus de 3000 Medailles, folio, Haye
1736.   150. ...
——— le même en grand papier. 200. ...
Hiftoire (l') des Provinces Unies depuis le
Traité de la Paix Générale à Munfter ou
de Weftphalie, où cette République fut
reconnue Libre de la part de l'Efpagne,
avec le Recueil des Actes & Mémoires, ou
Preuves de cette Hiftoire, par Wicquefort,
2 vol. in folio, Haye 1719 & fuiv. 36 ...
——— idem tome fecond à part. 13. ...
                                      His-

Hiſtoire de la derniere Guerre de Bohéme, par Mr. de M***, Nouvelle Edition. 8. 3 vol. avec les Plans des Batailles & Cartes néceſſaires, 1756. 9. ...
—— dito le Tome 3 à part. 3. ...
Hiſtoire d'Angleterre par G. Burnet, 4 vol. 4. Haye 1735. avec de beaux Portraits. 40. ...
—— du même Livre le Tome 2. à part, faiſant 2 vol. 15 ...
Hiſtoire Générale de Pologne, par le Chevalier de Solignac, 5 vol. 12. Amſt. 1751. 12. 10
Hiſtoire de Dannemarc, avant & depuis l'Etabliſſement de la Monarchie, par Mr. des Roches, 7 vol. 12. 1755. 21. ...
—— dito le Tome VII. à part. 3. ...
* Hiſtoire Militaire du Prince Eugéne, du Duc de Marlborough & du Prince d'Orange & de Naſſau, par Mrs. Dumont & Rouſſet, 3 vol. format d'Atlas, avec toutes les vues & les plans des batailles, ſiéges &c. 150. ...
* —— du même Livre le Tome 3 à part, 1747. 50. ...
* Hiſtoire du Prince François Eugéne de Savoye. Généraliſſime des Armées de l'Empereur & de l'Empire, par Mr. Mauvillon, ornée des Plans des Batailles & des Médailles néceſſaires pour l'intelligence de cette Hiſtoire, Nouvelle Edition, conſidérablement augmentée & corrigée, 8. 5 vol. Amſt. 1750. 20. ...
* Hiſtoire du Vicomte de Turenne, Maréchal-Général des Armées du Roi, par Mr. de Ramſay, 8. 4 vol. avec les Plans des Batailles & des Figures, Amſt. 1749. 20. ...
Hiſtoire de Frédéric - Guillaume I. Roi de Pruſſe & Electeur de Brandebourg &c. par Mr. de M***. 12. 2 vol. fig. 1741. 5. ...
Hiſtoire des anciens Traités de Paix, d'Alliance. & de Commerce, pour ſervir d'Eclairciſſement aux Traités modernes, par Mrs. Barbeyrac & Rouſſet, 2 vol. fol. 1739. 24. ...
Hiſtoire de Don Quichotte de la Manche, Edition très-belle, ſur du beau papier, avec figures deſſinées par Coypel & gravées par les plus habiles Maîtres, 6 vol. 12. ſous preſſe
Hiſtoire Mémorable des Guerres entre les Maiſons de France & d'Autriche, par Mr Rouſſet, 6 vol. 8. Amſt. 1749. 4. 15
Hiſtoire des Cérémonies & des Superſtitions qui ſe font introduites dans l'Egliſe, avec

quelques autres Traités très rares, 12. Amſt. 2. vol. 1717. 6. ...
Hiſtoire de l'Egliſe & de l'Empire par le Sueur avec la continuation par Piétet, 4. Amſt. 11 vol. 1730 faiſant 7 Tom. 60. ...
—— item grand papier. 90. ...
Hiſtoire Critique de la Philoſophie, par Mr. Deslandes, 4 vol. 12. 1757. 12. ...
Hiſtoire de Leopold Empereur d'Occident, 12. 1739. 3. ...
Hiſtoire de l'Empereur Jovien, & traduction de quelques Ouvrages de l'Empereur Julien, par Mr. de la Blêterie, 2 Vol. 12. Amſt. 1750. 4. ...
Hiſtoire de l'Empereur Julien, par l'Abbé de la Blêterie, avec des Cartes Géographiques, 2 vol. 12. Amſt. 1731. 4. ...
Hiſtoire Romaine depuis la Fondation de Rome juſqu'à l'an de Rome 705. avec des Notes Hiſtoriques, Géograph. & Critiques, des Gravures en tailles douces &c. par Cartrou & Rouille, 21 vol. 4. Paris, 1730--1739. 210. ...
Hiſtoire Romaine depuis la fondation juſqu'à la Bataille d'Actium, par Mr. Rollin, 8 vol. 4. à deux Colonnes, Paris 1756. 48. ...
Hiſtoire de l'Arianiſme, depuis ſa naiſſance juſqu'à ſa fin: avec l'Origine & le Progrès de l'Héréſie des Sociniens, par Maimbourg, 12. 3 vol. 1731. 6. ...
Hiſtoire du Pontificat de St. Grégoire le Grand, par Maimbourg, 12. 1706. 2. 10
Hiſtoire générale de la Naiſſance & des Progrès de la Compagnie de Jéſus, & Analyſe de ſes Conſtitutions & Privileges, 12. 6 vol. 1761--1767. 15. ...
Hiſtoire de Jean Sobieski, Roi de Pologne, par l'Abbé Coyer, 4 parties, 8. 1762. 6. ...
Hiſtoire de l'Archiduc Albert Gouverneur Général & puis Prince de la Belgique, 12. Colog 1693. 2. 10
Hiſtoire de Henry de la Tour d'Auvergne, Duc de Bouillon, par Marſollier, 3 vol. 12. Paris 1719. 7. 10
Hiſtoire du Miniſtère du Chevalier Rob. Walpoole, devenu Miniſtre d'Angleterre & Comte d'Oxford, 3 vol. 12. Amſt. 1764. 7. 10
Hiſtoire de Henri VII. Roi d'Angleterre, par Bacon, 8. Bruges 1724 2. 10
Hiſtoire de Philippe de Macédoine, Père d'Alexandre le Grand, avec des notes hiſtoriques par M. Olivier 2 vol. 12. Paris 1740. 6. ...

Hiſ-

Hiſtoire du regne de Mouley Iſmaël, Roi de Maroc, 2 vol. 12. Paris 1755. 4. ...
Hiſtoire de Charles II. ſurnommé le Mauvais, par Mr. Secouſſe, 2 vol. 4. Paris 1758. 24. ...
Hiſtoire de l'Ancien Gouvernement de la France, par Boulainvilliers, 3 vol. 8. Haye 1727. 9. ...
Hiſtoire Générale de Languedoc avec des notes & les pieces juſtificatives, par deux Religieux Bénedictins de la Congregation de S. Maur, 5 vol. fol. Paris 1740 1745. 110. ...
Hiſtoire Litteraire de la France par les Religieux Benedictins de la Congreg. de S. Maur, 11 vol. 4. Paris 1733 - 1759. 110. ...
Hiſtoire de Ciceron, par Morabin, 2 vol. 4. Paris, 1762. 24. ...
Hiſtoire des Amours de Sapho & de Mythilene, 12. Paris. 1724. 2. 10
Hiſtoire Juſtifiée contre les Romans, par Mr. l'Abbé Lenglet du Freſnoy, 12. Amſt. 1735. 2. 10
Hiſtoire de la fable conferée avec l'hiſtoire ſainte, par Mr. de Lavaur, 2 vol. 12 Amſt. 1731. 3. 10

I.

* Iconographie, ou Vies des Hommes Illuſtres du XVII. Siécle, par Mr. V **. avec les beaux Portraits peints par Ant. van Dyk & gravés par les plus habiles maîtres de ſon tems, folio, 2 vol. 1758. 140. ...
Jugemens ſur les Ouvrages des Savans, par Baillet, 12. 17. vol. 1725. 45. ...
—————— le même, 8 vol. 4. 64. ...

L.

Leçons de Phyſique Expérimentale, par l'Abbé Nolet, 12. 6 vol. fig. 1754 & 1755. 21. ...
—————— du même Ouvrage le Tome 6 à part. 6. ...
Lettres Perſanes, Nouvelle Edition augmentée de douze Lettres & d'une Table des Matiéres, 12. 1759. 3. ...
Lettres & Mémoires de Mad. Du Noyers, 9 vol. 12. Londres, 1758. 20. ...
Lettres de Critique, d'Hiſtoire & de Littérature par Mr. G. Cuper, 4. Amſt. 1755. avec des figures. 12. ...
Lettres de Mr. Roger de Rabutin, Comte de Buſſy, Nouv. Edit. augmentée, 12. 6 vol. Amſt. 1752. 15. ...

Lettres de la Marquiſe de M ***, au Comte Crebillon le Fils, 12. 2 vol. 1753. 2. 10
Lettres de Henri IV. Mrs. de Villeroi & Puiſieux, à Mr. de la Boderie, Ambaſſadeur de France & d'Angleterre, 8. 2 vol. 1733. 7. 10
Lettres Serieuſes & Badines ſur les Ouvrages des Savans, & en particulier ſur pluſieurs des principaux Livres Modernes, Nouv. Edit. revue & corrigée par Mr. de Camuſat, 8 Tomes, 18 parties, 8. Haye. 1740. 27. ...
Lettres d'une Peruvienne, par Mad. de Grafigny, Nouv. Edit. on y a ajouté les Lettres d'Aza, ou d'un Peruvien, par le Chevalier Deterville, 2 part. 12. 1761. 2. 10
Lettres de Miſtriſs Fanni Butlerd à Milord Charles Alfred, écrites en 1735 & traduites de l'Anglois en 1756. par Adelaïde de Varençai, 8. 1759. 2. ...
Lettres de Milady Juliette Catesby à Milady Henriette Camphley, trad. de l'Anglois, Nouv. Edition, 8. Amſt. 1765. 2. ...
Lettres Hiſtoriques pour ſervir de ſuite à l'Hiſtoire des Révolutions de la Grande-Bretagne, 8. Edinb. 1759. 2. 10
Lettres ſur le Théatre Anglois avec une traduction de l'Avare, Comédie, & de la Femme de Campagne, Comédie, 2 vol. 8. Paris, 1752. 6. ...
Lettres Mémoires & Négociations de Mr. le Comte d'Eſtrades, 9 vol. 12. ſous preſſe.

M.

Medailles de grand & moyen Bronze du Cabinet de la Reine Chriſtine, frappées, tant par ordre du Senat, que par les Colonies Romaines & par les Villes Grecques, gravées auſſi délicatement qu'exactement, d'après les Originaux, par le célebre Pietro Santes Bartolo en LXIII Planches, expliquées par un Commentaire, traduit du Latin de Sig. Havercamp; Latin & François. fol. Haye. 1742. 30. ...
Mélanges de Litterature, d'Hiſtoire & de Philoſophie, Nouvelle Edition, revue, corrigée & augmentée conſidérablement par l'Auteur (Mr. d'Alembert,) 12. 4 vol. 1760. 12. ...
Mémoires pour ſervir à l'Hiſtoire des Animaux, par Mrs. de l'Académie, & publiés par Mrs. Perrault & Charas, 3 vol. 4. avec 96 très belles figures. 1758. 60. ...
—————— du même livre la troiſiéme partie, à part. 1756. 20. ...

Mé

Mémoires pour fervir à l'Hiftoire Naturelle des Plantes, par Mrs. de l'Académie & publiés par Mr. Dodart, 4. avec 38. belles Planches.   20. ...

* Mémoires pour fervir à l'Hiftoire du XVIII. Siécle, par Mr. Lamberty, 4. 14 vol. papier commun.   140. ...

* ——— le même Ouvrage fur du papier fin.   200. ...

* ——— dito fur du papier royal.   300. ...

* ——— les Volumes XI. XII. XIII. & XIV. à part. Chaque Volume à

Mémoires de la Grande-Bretagne, par Burnet, 12. Tom. 4. 5 & 6.   9. ...

Mémoires de Montecuculi, Généraliffime des Troupes de l'Empereur, 12. fig. Amft. 1755.   3. ...

Mémoires du Comte de Rabutin, 3 vol. 12. Amft. 1731.   9. ...

Mémoires de Gaudence de Luques, Prifonnier de l'Inquifition : augmentés de plufieurs Cahiers qui avoient été perdus à la Douane de Marfeille, 4 part. 12. Amft. 1752.   6. ...

Mémoires de Maximilien Emanuel Duc de Wirtemberg, Colonel d'un Régiment de Dragons au fervice de Suéde. Contenant plufieurs particularités de la Vie de Charles XII. Roi de Suéde depuis 1703–1709. après la Bataille de Pultowa, par Mr. F. P. 12. 1740.   2. 10

Mémoires pour fervir à l'Hiftoire des Mœurs du XVIII. Siécle, par Mr. Dúclos, 8. 1752.   2. ...

Mémoires d'un Homme de Qualité, qui s'eft retiré du Monde, Nouv. Edit. augmentée par l'Auteur, 12. 8 vol. 1759.   12. ...

Mémoires du Comte de Rantzow, 8. 2 vol. 1756.   4. ...

Mémoires de Madame de Staal écrits par elle-même, 8. 4 part. 1756.   4. 10

Mémoires pour fervir à l'Hiftoire de l'Efprit & du Cœur, par Mr. le Marquis d'Ar *** & Mlle. Cochois, avec fig. 8. Haye, 1744.   2. 10

Mémoires pour fervir à l'Hiftoire générale des Finances, par Mr. Deon. de Beaumont, 8 2 vol. 1760.   4. ...

Mémoires de Miladi M***, par Madame R***. 8. 1761.   3. ...

Mémoires & Négociations du Comte de Harrach, 2 vol. 8. Haye. 1744.   5. ...

Mémoires de Miftris Sidney Bidulph, par l'Auteur de Clariffe & Grandifon, trad. de l'Anglois, 3 vol 8. Amft. 1762.   9. ...

Mémoires Hiftoriques & Critiques & Anecdo-

tes des Reines & des Regentes de France, 4 vol. 8. Amft. 1765.   10. ...

Mémoires Hiftoriques, Politiques, Critiques & Litteraires, par Amelot de la Houffaye, 2 vol. 12. Amft. 1737.   6. ...

Mémoires pour fervir à l'Hiftoire du Cardinal de Granvelle, Premier-Miniftre de Philippe II. Roi d'Efpagne, 2 vol. 12. Paris. 1753.   5. ...

Mémoire de Mr. de St. Martin, Sieur de Chaffonville, 8. 1745.   2. 10

Mémoires du Sieur de Pontis, qui a fervi dans les Armées 56 ans, fous les Rois Henri IV. Louis XIII. & Louis XIV. 2 vol. 12. Amft. 1749.   6. ...

Métamorphofes d'Ovide, par Mr. Banjer, Nouv. Edit. avec fig. 3 vol. 12. 1764. 9. ...

Mœurs (les) 3 parties, 12 fig. 1763. 3. ...

Morale de Tacite, de la Flaterie, traduite par Amelot de la Houffaye, 12. Haye. 2. 10

N.

Nouveau Spectateur, par M. de Baftide, 2 vol. 12. 1761.   6. ...

Nouvelles Exemplaires de Michel de Cervantes Saavedra, Nouvelle & très-belle Edition, corrigée avec figures deffinées par Coypel & gravées par Folkema, 2 vol. 12. fous preffe.

Nouvelles Litteraires, XI. vol. complet, 8. Haye. 1715 – 1720. fe trouve rarement complet.   33. ...

O.

Obfervations Mathématiques, Aftronomiques & Géographiques, par le P. Souciet, 3 vol. 4. Paris, 1729 – 1732.   24. ...

Oeuvres de Mr. le Préfident de Montesquieu, 6 vol. 12. Amft. 1763.   18. ...

Oeuvres de Moliere, Nouv. Edition, augmentée de la Vie de l'Auteur, & des Remarques Hiftoriques & Critiques, par Mr. de Voltaire, avec de très-belles figures, 6 vol. 12. Amft. 1765.   18. ...

Oeuvres de Racine, Nouv. Edit. confidérablement augmentée avec beaucoup des pieces qui n'avoient pas encore paru, principalement celles du Théatre &c. avec de très-belles figures, 12. 3 vol. Amft. 1763.   12. ...

Oeuvres de Mr. Destouches, de l'Académie Françoife, Nouvelle Edition augmentée, 12. 5 vol. fig. 1755.   15. ...

Oeuvres diverfes de Pope, traduites de l'Anglois, Nouvelle Edition, confidérablement aug-

augmentée avec de très belles figures en taille douce, 12. 8 vol. Amſt 1767. 30. …

Oeuvres de Mr. Greſſet, de l'Académie Françoiſe, 12. 2 vol. Amſt. 1755.   4. …

Oeuvres d'Horace, traduites en François, par le P. Tarteron, 12. 2 vol. 1750. 6. …

Oeuvres d'Horace en Latin & François par M. Dacier & P. Sanadon, 4 vol. 4. Édition d'Hollande, 1733.   40 …

——— ——— le même Livre, 10 vol. 12. 1733.   30. …

Oeuvres de Mr. Boindin, de l'Académie des Inſcriptions & Belles-Lettres, 12. 2 vol. Paris, 1753.   6. …

Oeuvres Philoſophiques de Mr. Hume, Nouv. Edit. 6 vol. 8. Londr. 1764.   12. …

Oeuvres du Philoſophe de Sans Souci, 4 vol. 8. papier royal, Edition magnifique. 20. …

Oeuvres mêlées de Mr. de la Fargue, 2 vol. 12. Paris. 1765.   6. …

Oeuvres diverſes de Mr. de Cervantes Saavedra, contenant le Donquichotte & ſes Nouvelles, 8 vol. 12. fig. ſous preſſe.

Origine (l') ancienne de la Phyſique nouvelle, par le Pere Regnault, 12. 3 vol. 1735. 7. 10

Orthopédie, ou l'Art de prévenir & de corriger dans les Enfans les difformités du Corps, par Mr. Andry; 2 vol 12. avec fig. Brux. & Paris. 1743.   6 …

Ouvrages de Mathématique de Mr. Picard, où on a joint divers Ouvrages de Mr. Richer & du Docteur Romer, 4. fig. 1731. 14. …

Ouvrages de Xénophon. Le premier, intitulé Portrait de la Condition des Rois, le ſecond, la Retraite de dix-mille, & le troiſieme, les choſes Mémorables de Socrate, traduits en François par Mr. Charpentier, Nouv. Edition, 12. 2 vol. 1745. 6. …

Ouvrages divers de Mr. Crouſas, 2 vol. 8. Amſt. 1737.   4. …

P.

Païſane parvenue, par Mr. le Chevalier de Mouhy, Nouvelle Edition augmentée par l'Auteur, 8. 12 part. avec le Portrait de l'Auteur, 1740.   9. …

Paſſe-Tems agréable, ou nouveau Choix de Bonsmots, de Penſées ingénieuſes, &c. cinquieme Edition, 8. 2 vol. 1743. 6. …

Penſées Angloiſes ſur divers ſujets de Religion & de Morale, trad. de l'Anglois, 8. 1760.   2. …

Penſées ſecrettes, ou Reflexions ſur la Religion, & ſur la Vie Chrétienne, par G. Beveridge, Docteur en Theol. & Evêque de

St. Aſaph, trad. de l'Anglois, ſur l'onzieme Edition, 12. 2 vol. 1743. 5. …

Penſées libres ſur la Religion, l'Egliſe & le Bonheur de la Nation, traduites de l'Anglois du Docteur B. M. par Mr. van Effen, 2 vol. 12. Amſt. 1738.   5. …

Perfection du Chrétien, trad. de l'Anglois de Mr. Lucas, 8. 2 vol. 1740.   6. …

Petit-Maître (le) Philoſophe, ou Voyage & Avantures de Genu Soalhat, Chevalier de Mainvillers dans les principales Cours de l'Europe, 12. 3 parties, Londres. 1751.   2. 10

Petrone, Latin & François, traduction entiere, Nouvelle Edition augmentée, 12. 2 vol. fig. Amſt. 1756.   6. …

Philoſophe Anglois, (le) ou Hiſtoire de Mr. Cleveland, fils naturel de Cromwel, par l'Auteur des Mémoires d'un Homme de qualité, 12. 8 vol. fig. 1743.   15. …

Phyſique de l'Hiſtoire, ou Conſidérations générales ſur les Principes élementaires du Temperament & du Caractère des Nations, 8. Amſt. 1765.   2. …

Pieces d'Eloquence qui ont remporté le prix de l'Académie Françoiſe depuis 1671 — 1748. 2 vol. 12. Paris. 1750.   5. …

Plans nouveaux & Projets pour fortifier, défendre & attaquer les Places, par Mr. de Landsbergen, Ingénieur au Service de la Republ. des Provinces-Unies, ſeconde Edition, fol. avec fig. Haye. 1758. 15. …

Poëſies Françoiſes de Mr. l'Abbé Deſmarias, Nouvelle Edition, 12. 2 vol. 1717. 6. …

Poëſies de Mr. l'Abbé l'Attaignant, 4 vol. 12. Paris. 1757.   12. …

Principes de l'Hiſtoire, pour l'Education de la Jeuneſſe, par Années & par Leçons, par l'Abbé Lenglet du Freſnoy. Nouvelle Edition 8. 6 vol. Amſt. 1755.   18. …

Principes du Deſſein, ou Méthode courte & facile pour apprendre cet Art en peu de tems, par le fameux Gerard de Laireſſe, folio 1746. ornés de plus de 120 belles planches.   24. …

Principes de la Nature ou de la Génération des Choſes, par Mr. Colonne, 12. Paris, 1731.   2. 10

Progrès (les) du Commerce, 8. 1761. 1. 10

Promenades de Mr. le Noble, 12. 6 vol. 1720.   9. …

Pſeauures, gros Caractere, premier verſet Muſique, 12. 1754.   3. …

Pſeaumes, petit Caractere, tout Muſique, 12.   3. …

R.

R.

Recherches & Confidérations fur les Finan-
.ces de France, depuis 1595. jufqu'à l'an-
née 1721. 2 vol. 4. Bafle, 1758. 24. ...
Recueil des Ouvrages de Mathématiques de
Mr. de Roberval, 4 fig. 1731. 15. ...
* Recueil Hiftorique d'Actes, Négociations,
Mémoires & Traités, depuis la Paix d'U-
trecht jufqu'à celle d'Aix-la-Chapelle, par
Mr. Rouffet, 21 Tomes, ou 23 vol. Amft.
1755. 75. ...
* —— dito tous les Volumes à part. 3. ...
Recueil de divers Ouvrages en Profe & en
Vers, par le Père Brumoy, 4 vol. Paris,
1749. 12. ...
Reflexions fur la Poëfie Françoife, par du
Cerceau. 12. Paris, 1742. 3. ...
Reflexions fur la Poëfie, par Mr. Remond
de St. Mard; Ouvrage rempli de Remar-
ques curieufes, 8. Haye, 1734. 3. ...
Reflexions Philofophiques fur l'Immortalité
de l'Ame avec quelques remarques fur une
Lettre dans laquelle on foutient que la
matiere penfe, 12. 1752. 2. 10
Reflexions Critiques fur l'ufage des différen-
tes Saignées, par Mr. Chevalier, 12. Pa
ris, 1730. 3. ...
Religion des anciens Gaulois, tirée de la pu-
re fource de l'Antiquité, par Dom * * *,
4. 2 vol. fig. 1730. 24. ...
Remarques d'un Seigneur Polonois fur l'His-
toire de Charles XII., par Voltaire, 8.
1741. 2. ...
Remarques fur les avantages & defavantages
de la France & de la Grande Bretagne par
rapport au Commerce &c. trad. de l'An-
glois du Chev. John Nickolls, 8. Amft.
1753. 3. ...
Remarques fur les Germanifmes, Ouvrage
utile aux Allemands & aux François, par
Mr. de Mauvillon, Nouvelle Edition, 8.
2. vol. 1759. 6. ...
—— du même Ouvrage le Tome 2. à
part. 3. ...
Réthorique (de la) felon les Principes d'Aris-
tote, de Ciceron & de Quintilien, 12. Pa-
ris, 1728. 2. 10

S.

Saint Evremoniana, ou Recueil de diverfes
Pieces curieufes avec des penfées judicieu-
fes, de beaux Traits d'Hiftoire, & des
Remarques très-utiles de Mr. de Saint Evre-
mont, à quoi on a joint une Differtation
fur les Oeuvres du même Mr. de Saint
Evremont, 8. 2 vol 1701. 6. ...
Saifie (de la) des Batimens neutres, ou du
Droit d'arrêter les Navires des Peuples
amis, par Mr. Hubner, 2 vol. 12. Paris,
1759. 5. ...

Satyre Menipée de la Vertu du Catholicon
d'Efpagne & de la tenue des Etats, 3 vol.
8. avec fig. Paris, 1752. 15. ...
Secrets admirables d'Albert le Grand, conte-
nant plufieurs Traités fur la Conception
des femmes, des Vertus des Herbes, des
Pierres précieufes, & des Animaux &c.
12. avec fig. Amft. 1743. 2. ...
Secrets merveilleux de la Magie Naturelle &
Cabaliftique du Petit Albert, enrichie de
figures myftérieufes, & la Maniere de les
faire, 12. avec fig. Amft. 1731. 2. ...
Sejour de Paris, ou Inftructions pour les Voy-
ageurs, par le Sr. J. C. Nemeitz, 2 vol.
8 avec fig. Leide, 1727. 6. ..
Sermons fur les Chapitres IX, X & XI. de
l'Epître de St. Paul aux Romains, par
Brucker, 3 vol. 8. Amft 1735-1741. 12 ...
Sermons fur la Mort & fur le Jugement, par
Mr. Lucas, trad. de l'Anglois, par Joncourt,
8. Utrecht, 1734. 4 ...
Sermons pour les Retraites avec des Difcours
Eccléfiaftiques, des Panégyriques &c. par
Mr. Collet, 2 vol. 12. Lyon, 1764. 6 ...
Spectateur, ou le Socrate Moderne, 12. 8 vol.
Nouv. Edit. Amft. 1746 - 1767. 24. ...
—— le Tome VIII. à part, 1767. 3. ...
Spectatrice, (la) trad. de l'Anglois, 4 vol.
12. Haye, 1750 - 1751. 12. ...
Supplément à l'Hiftoire de la Guerre des Hus-
fites de Mr. Lenfant, par M. J. de Beau-
fobre, 4. Génév. 1745. 5. ...

T.

Tablettes Dramatiques, contenant l'Abregé
de l'Hiftoire du Théatre François, l'Eta-
bliffement des Theatres à Paris, un Dictio-
naire des Pieces & l'Abrégé de l'Hiftoire
des Auteurs, par Mr. Mouhy, 8. 1763.
5. ...
Tactique Navale, ou Traité des Evolutions
& des Signaux, par Mr. le Comte de Mo-
rogues, Capitaine des Vaiffeaux du Roi
&c. avec fig. 4. Amft. 1764. 18. ...
Teftament (Nouveau) par Martin, 12. 2. 10
Théatre de P. Corneille, avec le Commen-
taire de Mr. de Voltaire, 8 vol. 12. avec
fig. Amft. 1765. 24. ...
—— le Commentaire à part 6. ...
Théatre de Thomas Corneille, 5 vol. 12.
fig. 1754. 15. ...
Théatre Italien de Gherardi, 12. 6. vol. fig.
1721. 21. 10
Théatre de la Foire, ou l'Opéra-Comique,
10 vol 12. fig. Amft. 30. ...
Théatre (le) de Mr. de Marivaux, Nouvelle
Edition, 12. 4 vol. Amft. 1754. 12. ...
Théatre (le) de la Ville de Paris, dans fes
différens âges & fon agrandiffement jufqu'à
préfent, en huit plans, publiés par Mrs. de

B   4

la Mare & de Fer, format d'Atlas, 1755.
10. ...
Théologie des Infectes, ou Demonftration
des perfections de Dieu dans tout ce qui
concerne les Infectes, par Leffer, 8. 2 vol.
fig. Haye, 1742.   8. ...
Traité de la Morale des Peres de l'Eglife,
par Mr. J Barbeyrac, 4. 1728.   8. ...
——— dito grand papier.   12. ...
Traité de l'Artillerie qui enfeigne tout ce qui
concerne les Poudres, les Canons, Mor-
tiers & Pierriers, par Mr. Bardet de Vil-
leneuve, 2 vol. avec fig. 8. Haye 1741.
14. ...
Traité de l'Attaque & Défenfe des Places,
où l'on enfeigne d'une maniere courte &
facile la méthode la plus avantageufe pour
parvenir furement & proprement à la prife
des Places, par Mr. Bardet de Villeneuve,
2 vol. avec fig. 8. Haye, 1742. 14. ...
Traité de l'Amour de Dieu, par Saurin, 2
vol. 8. Amft. 1729.   6. ...
Traité d'Origéne contre Celfe, ou défenfe
de la Religion Chrétienne contre les Pa-
Iens, traduit du Grec, par Boucherau, 4.
Amft. 1700.   8 ...
Traité contre l'Impureté, par J. F. Ofter-
vald, 8. Amft. 1712.   3. ...
Traité de la Cephalotomie, ou Defcription
Antomique des parties que la tête renfer
me, avec des figuresgravées d'après la natu-
re, par J. B***. 4. Avignon, 1748. 10. ...
Traité des Alimens, de leur difference, du
choix qu'on en doit faire, & des effets
qu'ils peuvent produire &c. par Lemery,
revu par Bruhier, 2 vol. 12. Paris, 1755.
6. ...
Traité de l'ufage des Saignées, par Mr. Silva,
2 vol. 12. Amft. 1729.   6. ...
Traité de Phyfique, par J. Rohault, 2 vol.
4. avec fig. Paris, 1681.   15. ...
Traité Hiftorique fur les Amazones, par Mr.
Petit, avec des Figures & Medailles, 2
vol. 12. Leide, 1718.   6. ...
Traité du Poëme Epique, par le R. P. de Boffu,
2 vol. 8. Haye, 1744.   5. ...

V.

Vertus (les) du beau Sexe, par Mr. F*D'C.
8 1733   2. 10
Vie (la) de Philippe II. Roi d'Efpagne, tra-
duit de l'Italien de G. Leti, 12. 6 vol.
1756.   18. ...

Vie du Cardinal Duc de Richelieu, principal
Miniftre d'Etat fous Louis XIII. Roi de
France, 2 vol. 12. 1696.   6. ...
Voyage autour du Monde, fait dans les an-
nées 1740, 41, 42, 43 & 44. par George
Anfon, préfentement Lord Anfon, Nouv.
Edition, corrigée & augmentée, 4. 2 vol.
avec fig. Amft. 1750.   24. ...
——— du même Livre le Supplement, à
part, 4.   6. ...
Voyage au tour du Monde, commencé en
1708 & fini en 1711. par le Capitaine W.
Rogers, traduit de l'Anglois, avec fig. 2
vol. 12. Amft. 1716.   6. ...
* Voyage Hiftorique de l'Amérique Méri-
dionale, fait par ordre du Roi d'Efpagne,
par Don George Juan, & par Don Antoine
de Ulloa, Ouvrage orné de très-belles Fi-
gures, Plans & Cartes néceffaires, 4. 2 vol.
Amft. 1752.   33. ...
Voyage d'Italie de Mr. Miffon, cinquieme
Edition augmentée d'un quatrieme Volume
& les Remarques de Mr. Adiliffon, 4 vol.
12. fig. Utrecht, 1722.   15. ...
Voyages de Mr. le Brun, par le Levant &
par la Mofcovie, en Perfe & aux Indes,
avec plus de 300 excellentes Figures en
taille-douce, 5 vol. 4. avec fig. Paris,
1725.   60. ...
Voyages du Capitaine L. Gulliver en divers
Pays éloignés, 3 vol. 12. fig. Haye, 1741.
9. ...
Voyage de Paul Lucas dans la Turquie, l'A-
fie, Syrie, Paleftine, Haute-& Baffe-Egypte,
&c. 2 vol. 12. avec fig. Amft. 1720. 6. ...
Voyage d'Olearius & Mandeflo en Mofco-
vie, en Tartarie, en Perfe, & aux Indes
Orientales, augmenté par Wicquefort,
2 vol. fol. avec fig. Amft. 1727. 50. ...
Voyage de la Paleftine, par Mr. de la Roque,
avec fig. 12. Amft. 1718.   3. ...
Voyages de Mr. Shaw dans plufieurs Provin-
ces de la Barbarie & du Levant, 2 vol.
4. avec fig. Haye, 1743.   24. ...
Vues Politiques fur le Commerce des Den-
rées, 8. 1759.   2. 10

Y.

Yeux (les) les Nez & les Tétons, 8. Amft.
1760.   2. 10

Z.

Zulima, ou l'Amour Pur, par Mr. le Noble,
Nouvelle Edition, 12. 1718.   2. ...

LIVRES OUBLIE'S.

Cours entier de Philofophie, par P. S. Regis,
3 vol. 4. avec fig. Amft. 1681.   20. ...
Elemens du Commerce par Mr. Forbonnois,

Nouv. Edit. angmentée, 2 vol. 12. 1766. 5. ...
Effai Politique fur le Commerce, par M. Me-
lon, Nouv. Edit. 8. Amft. 1754.   2. 10
Effai

Essai sur la nécessité & sur les moyens de plaire, par Mr. de Moncrif, 12. Amſt. 1738. 2. ...

Etat préſent de la Suede avec un Abregé de l'Hiſtoire de ce Royaume, par Mr. Robinſon, 8. Amſt. 1720. 3. ...

Grammaire (Nouvelle) Angloiſe, redigée d'après les meilleurs Grammairiens Anglois, par J. B Robinet & J. B. Dehaining, 12. Amſt. 1765. 3. ...

Hiſtoire Univerſelle de Diodore de Sicile, trad. par l'Abbé Terraſſon, 4 vol. 12. Amſt. 1744. 12. ...

—— Les Tomes 5. 6. & 7. ſous preſſe.

Hiſtoire de Marguerite d'Anjou, Reine d'Angleterre, par l'Abbé Prevoſt. 4 Part. 12. Amſt. 1741. 4. ...

Hiſtoire du Prince Soly & de la Princeſſe Félée, 2 Part. 12. Amſt. 1745. 2. ...

Lettres Juives par Mr. le Marq. d'Argens, 6 vol. 8. Haye 1742. 18. ...

Oeuvres du Chevalier de St. Jory, 2 vol. 8. Amſt. 1735. 5. ...

Pigmalion, ou la Statue animée, 8. Amſt. 1742. 2. ...

LIBRI LATINI.

Abelæ (Fratr. Joh. Franc.) Deſcriptio Melitæ atque adjacentium inſularum, ex verſ. lat. J. A. Seineri; accedunt R. H. Maji ſpecimina duo Linguæ Punicæ, cum fig. fol. Lugd. Bat. 10. ...

—— idem liber charta majori. 13. ...

Alſtorphius (Johannes) de haſtis veterum, cum fig. 4. 1757. 10. . .

Anti-Machiavellus ſive ſpecimen disquiſitionum ad Principem Machiavelli, 8. 1743 1. 10

Arluni (Bernard. de bello Veneto Sæculi XVI. Libri VI. fol. Lugd. Bat. 8. ...

—— idem liber charta majori. 12. ...

Arriani Ars Tactica, Acies contra Alanos, Periplus Ponti Euxini, Periplus Maris Erythræi, Liber de Venatione, Epicteti Enchiridion; Ejuſdem Apophthegmata & Fragmenta quæ in J. Strobæi Florilegio & in A. Gelli Noctibus Atticis ſuperſunt; cum Notis; ex recenſione N. Blancardi, 8. Græc. & Lat. Amſt 1750. 6. ...

Bacci (Henr.) Deſcriptio regni Neapolitani ex edit. Havercampii, fol Lugd. Bat. 6 ...

Baronii (D Franc.) ac Manfredis de Panormitana Majeſtate libri IV. cum fig. fol. Lugd. Bat. 10. ...

—— idem liber charta majori. 13. ...

Barrii (Gabrielis de Calabriæ antiquitate & ſitu libri quinque, fol. Lugd. Bat. 6. ...

Bembi (Petri) Hiſtoriæ Venetæ, libri XII. cum fig. fol Lugd Bat. 5. ...

—— idem liber charta majori 8. ...

Berneri (Gotl. Ephr.) Exercitatio de efficacia & uſu aëris mechanico in Corpore humano, 8 Amſt 1738 3. ...

Beſſelii Frid.) Miſcellanea Philologica, Critica &c. 8. 1742. 2. 10

Biblia ſacra Vulgatæ Editionis, cum Annotationibus du Hamel, fol. 2 Vol. Pariſ. 1731. 24. ...

Bonnanni (Jac.) & Columnæ, Syracuſarum Antiquarum Illuſtratar. libri duo, ex verſio-

ne & cum notis Sieg. Havercampi, cum. fig. fol. Lugd. Bat. 7. ...

—— idem liber charta majori. 10. ...

Bracciolini (Poggii) Hiſtoriæ Florentinæ libri VIII. cum fig. fol. 5. ...

—— idem liber charta majori. 8. ...

Breviarium Rotomagenſe, Rotomagi 1736. 4 vol. 18. 12 ...

Bruti (Joh. Mich.) Hiſtoriæ Florentinæ libri VIII. cum Tab. Geograph. Etruriæ & delineat. urbis Florentiæ, fol. Lugd. Bat. 6. ...

—— idem liber charta majori. 9. ...

Cajetani (P. Octav.) Iſagoge ad Hiſtoriam Sacram Siculam, fol. Lugd. Bat. 6. ...

—— idem liber charta majori 9. ...

Capacii (H) Antiquitates & Hiſtoriæ Neapolitanæ, nummis & fig. ornatæ, cum Vita & effigie Autoris, fol. Lugd. Bat.

Capacii Antiquitates & Hiſtoriæ Campaniæ felicis; cum nummis & fig. fol. Lugd. Bat. } 12. ...

—— idem liber charta majori. 16. ...

Capreoli (Æliæ) Chronicorum de rebus Brixianorum libri XIV. fol. Lugd. Bat. 6. ...

Careræ (D. Pet.) Monumentorum Hiſtoricor. urbis Catanæ libri IV. & ejuſdem diſquiſitio de vero ſignificatu quorund. numiſmatum Meſſanenſ. ſeu Mamertinor. cum fig. fol. Lugd. Bat. 10. ...

—— idem liber charta majori. 13. ...

Caſſiani (Joan.) Opera omnia, cum Comment. D. Al. Gazæi, Ord. St. Benedicti, fol. 1733. 15. ...

Chiarandæ (P. Joh. Pauli) Plutia ſive Platia, civitas Siciliæ antiqua, nova, ſacra & nobilis, ex edit. Joh. Laur. Moshemii, fol. Lugd. Bat. 6. ...

Ciaconii (Fr Alfonſi) Bibliotheca, complectens Scriptores fere cunctos ab initio mundi uſque ad annum 1583. cum Obſervat. F. D. Camuſati, ex editione J. Erh. Kappii, fol.

Amstelodami 1744. 20. . .
Claramontii (*Scip.*) *Historiarum urbis Cæsenæ libri XVI. fol. Lugd. Bat.* 10. . . .
—— *idem liber charta majori.* 15. . . .
Cluverii (*Phil.*) *Sicilia Antiqua cum insulis minoribus & adjacentibus explicata, & chartis geogr. & fig. illustrata, fol. Lugd. Bat.* 12. . . .
—— *idem liber charta majori.* 16. . . .
Cortusiorum (*Guil. & Albrigeti*) *Historia de Novitatibus Paduæ & Lombardiæ ab Anno* 1156 *ad* 1364, *ex edit. Felicis Osii, fol. Lugd. Bat.* 6. . . .
—— *idem liber charta majori.* 9. . . .
Damadeni Abbatis, Æs redivivum, sive tabula ærea maxima Canusii olim incisa, nunc recens eruta & illustrata, cum fig. fol. Lugd. Bat. 8. . . .
—— *idem liber charta majori.* 12. . . .
Dictionarium Universale Latino Gallicum, Hagæ Com. 1731. 8. 8. . . .
Erasmi (*Desid.*) *Apophthegmata,* 12. 1671. 3. . . .
Erasmi Vita & Epistolæ, 12. 1642. 2. . . .
Erasmi Lingua, sive de Linguæ usu atque abuju, 12. 1649. 2. . . .
Erasmi Encomium Moriæ, sive Stultitiæ Laus, 12. 1685. *Editio nitidissima.* 1. 10
Facii (*Barthol*) *de Rebus gestis Alphonsi I. Regis Neapolit. libri X. ex emendatione J. M. Bruti, cum fig. fol. Lugd. Bat.* 8. . . .
—— *idem liber charta majori.* 12. . . .
Fazelli (*Th.*) *de rebus Siculis decades duæ, descriptionem & Historiam continentes, fol. Lugd. Bat.* 10. . . .
—— *idem liber charta majori.* 13. . . .
Fontanini (*Justi*) *de Antiquitatibus Hortæ Coloniæ Etruscorum libri II; accedunt Acta Vetera, cum fig. fol. Lugd. Bat.* 4. . . .
—— *idem liber charta majori.* 5. 10
Fracassini (*Ant.*) *Opuscula Pathologica, alterum de febribus, alterum de malo hypochondriaco,* 4. *Lips.* 1758. 8. . . .
Grossis (*Joh. Bapt. de*) *Catanense Decachordum, sive notitia novissima Sacræ Ecclesiæ Catanensis, cum fig. fol. Lugd. Bat.* 7. . . .
—— *idem liber charta majori.* 9. . . .
Guarnerii (*Joh. Bapt.*) *Dissertationes Historicæ Catanenses de Origine & Antiquitatibus Urbis Catanæ, ex edit. Joh. Laur. Moshemii, fol. Lugd. Bat.* 6. . . .
Hadrianus VI sive Analecta Historica de Hadriano Sexto Trajectino; edidit & notas adjecit G. Burmannus, 4 *Ultraj.* 1737. 12. . . .
Harduini (*Joh.*) *Commentarius in Novum Testamentum; accedit ejusdem Autoris Lucubratio, in cujus prima Parte ostenditur Cepham, a Paulo reprehensum, Petrum non esse; in altera Parte, Joannis Apostoli de Sanctissima Trinitate locus explanatur, Hagæ Com.* 1741. *fol.* 24. . . .
Harduini Opera Varia, Amst. 1733. *fol.* 40. . . .
Heineccii (*Gotl.*) *Opuscula Minora,* 8. *Amst.* 1738. 3. . . .
Heisteri (*Laur.*) *Compendium Medicinæ Practicæ,* 8. 1743. 5. . . .
—— *Apologia pro Medicis,* 8. 1736. 2. 10
Hornii (*Georg.*) *Accuratissima Orbis delineatio, sive Geographia Vetus, Sacra & Profana, exhibens quicquid Imperiorum, Regnorum, Principatuum, Rerum publicarum, &c ab initio rerum, ad præsentem usque mundi statum fuit; præmissa est Introductio ad Geographiam Antiquam, qua Orbis Vetus, Gentium Migrationes, Populorum Origines, & quicquid Historias illustrare potest, breviter refertur; fol. Hagæ Comitum,* 1740. 24. . . .
Hoynck van Papendrecht Analecta Belgica, continentia vitam Viglii Zuichemii, ejusque, nec non Joach. Hopperi & J. B. Tassi Opera Historica, aliaque Scripta ad Historiam scissi Belgii potissimum attinentia, 6 *vol.* 4. *Hagæ-Com.* 1743. 36. . . .
Jannotii (*Donati*) *Dialogus de Republica Venetorum, adjectis notis Nic. Crassi, cum fig. fol. Lugd. Bat.* 4. . . .
—— *idem liber charta majori.* 6. . . .
Inveges (*August.*) *Carthago Sicula sive descriptio historica Civitatis Caccabes, (hodie Caccamo dicta) & familiarum Normann. Francar. & Hispanar. ibid dominatarum, ex edit. Sieg. Havercampi, cum fig. fol. Lugd. Bat.* 6. . . .
—— *idem liber charta majori.* 8. . . .
Inveges (*August.*) *Panormus antiqua, sive de Origine incremento & Statu hujus Urbis, opus ex antiquis Nummis, Marmoribus, Mseptis & Autoribus variis collectum, cum fig fol Lugd. Bat.* 8. . . .
—— *idem liber charta majori.* 10. . . .
Jofredi (*R. D. Petri*) *Nicæa Civitas sacris Monumentis Illustrata cum fig fol. Lugd. Bat.* 8. . . .
Jovii (*Bened.*) *Historiæ Neocomensis libri duo, fol. Lugd. Bat.* 6. . . .
—— *idem liber charta majori.* 9. . . .
Irenæi (*Sti.*) *Opuscula Anecdota, græce & lat. ex Recensione Celeberr. Pjaffii, una cum Liturgia Græca Ernesti Grabe,* 2 *vol* 8. *Lugd. Bat.* 1743. 8. . . .
Justiniani (*Bernh.*) *de Origine urbis Venetia*

rum & rebus gestis Venetorum, *libri XV.*
item de Vita, Translatione & loco Sepultu-
ræ divi Marci Evangelistæ, *fol. Lugd. Bat.*
                                                   4. ...
———— *idem liber charta majori.*   6. ...
Juvenis (Joh.) de Antiquitate & varia For-
tuna Tarentinorum libri octo, *fol. Lugd. Bat.*
                                                   6. ...
Lampe (F. A.) Historia Ecclesiæ Reformatæ
in Hungaria & Transylvania, 4. *Trajecti*
ad Rhenum, 1728.   8. ...
Luciani index, sive Lexicon Lucianeum a C. C.
Reitzio, 4. *Traj.* 1746.   11. ...
Malaspinæ (Sabas) Rerum Sicularum libri VI.
è Schedis, A. Duchesnii editi per S. Balu-
zium, *fol. Lugd. Bat.*   6. ...
———— *idem liber charta majori.*   8. ...
Malaterræ (Gaufredi) de rebus gestis Roberti
Guiscardi Ducis Calabriæ & Rogerii Comi-
tis Siciliæ libri IV. fol. Lugd. Bat. 6. ...
Maurolyci (Franc.) Rerum Sicanicarum com-
pendium, ex edit. Stephani Baluzii, *fol.*
Lugd. Bat.   6. ...
———— *idem liber charta majori.*   9. ...
Mirabellæ (D. Vinc.) & Alagonæ Explicatio
Ichnographiæ Syracusarum antiquarum item-
que Numismatum Selectior. Regum & Rei
publicæ ejusdem, ex Versione & cum notis
ac augmentis Sigeb. Havercampi, fol. cum
fig. Lugd. Bat.   10. ...
———— *idem liber charta majori.*   13. ...
Miscellaneæ Observationes Criticæ in Auctores
Veteres & Recensiores, 30 *partes aut* 10
Vol. Amst.   40. ...
Miscellaneæ Observationes Criticæ novæ, 9 *par-*
tes, sive 3 *Vol.* 8. *Amst.*   12. ...
Mocenici (Andr.) Belli memorab. Cameracensis
adversus Venetos Historiæ libri VI. fol.
Lugd. Bat.   5. ...
———— *idem liber charta majori.*   8. ...
Moehringii (D. Paul H. G.) Historiæ Medici-
nales junctis fere ubique Corollariis Praxim
Medicam illustrantibus, 8. *Amst.* 1761.
                                                   4. ...
Mongitoris (D. Ant.) Monumenta historica
sacræ Domus Mansionis S. S. Trinitatis
Militaris Ord. Teutonic. urbis Panormi: fol.
Lugd. Bat.   6. ...
———— *idem liber charta majori.*   8. ...
Mussati (Albert) Historiæ Augustæ de gestis
Henrici VII. libri XVI, item de gestis Italico-
rum post Henricum VII. libri XII. & Ejus-
dem Ludovicus Bavarus ad filium; accedunt
Ejusdem Tragædiæ duæ. Eccerinis & Ac-
chilleis, cum not. Nic. Villani, *fol. Lugd.*
Bat.   16. ...

———— *idem liber charta majori.*   20. ...
Noris (F. H.) Dissertationes IV. Cenotaphia
Pisana Caji & Lucii Cæsarum illustrantes;
item, Parergon de annis regni Herodis &c.
fol. Lugd. Bat.   8. ...
———— *idem liber charta majori.*   10. 10
Novus Thesaurus Juris Civilis & Canonici, in
quo junctim exhibentur varia & rarissima
optimorum Interpretum, imprimis Hispano-
rum & Gallorum. Opera: utrumque Jus ex
humanioribus Literis, ac veteris Ævi Mo-
numentis, illustrantia; ex Musæo G. Meer-
manni, JCti & Syndici Roterodamensis, 7
Vol. Hagæ-Com. 1751. *fol.*   160. ...
Oriens Christianus in quatuor patriarcha-
tus digestus, quo exhibentur Ecclesiæ Pa-
triarchæ cæterique Præsules totius Orientis;
Studio M. le Quien:, 3 *Vol. fol. cum fig.*
Parif. ex Typographia Regia, 1740. 60. ...
Palladii de Olivis (Henr.) Rerum foro Julien-
sium libri XI & de oppugnatione Gradisca-
na libri V. fol. Lugd. Bat.   5. ...
———— *idem liber charta majori.*   8. ...
Parutæ (Phil. & Leonh. August.) Sicilia
Numismatica, cum descriptione & explicat.
Huberti Golzii, tabulis variis auxit &
Commentario illustravit Sieg. Havercampius,
additis G. Gualtheri, tabulis antiquis &
ejusdem animadvers. 3 *Vol. cum multis fig.*
fol. Lugd. Bat. 1723.   90. ...
———— *idem liber charta majori.*   120. ...
Pepagomeni (Demetr.) Liber de Podagra Græc.
& Lat. quem ope MS. Bibliothecæ Lugdu-
no Batavæ recensuit & notis illustravit J. S.
Bernard 8. 1753.   3. ...
Peregrinii Camilli Historia Principum Longu-
bardorum, cum notis Autoris & Ant. Carac-
cioli; cum fig. fol. Lugd. Bat.   10. ...
———— *idem liber charta majori.*   15. ...
Peregrinii Camilli Dissertationes de Campania
felice, ex Versione Latina & cum notis
Alex. Dukeri, fol. Lugd. Bat.   12. ...
———— *idem liber charta majori*   15. ...
Phæbonii (Mutii) Historiæ Marsorum libri
III. cum Catalogo Episcoporum & addition:
ac notis D. Didaci Petræ, fol. Lugd. Bat.
                                                   6. ...
———— *idem liber charta majori.*   9. ...
Pignorii (Laurentii) Origines Patavinæ &
Antenor, ex Verf. Latina & cum notis Si-
geb. Havercampi &c. cum fig. fol. Lugd.
Bat.   8. ...
———— *idem liber charta majori.*   12. ...
Pingonii (Philib.) Augustæ Taurinorum Chro-
nica & Antiquitatum inscriptiones, fol. cum
fig. Lugd. Bat.   6. ...

Pirrhi (D. Rocchi) *Sicilia Sacra, notitias E-piscopatuum, Abbatiarum & Ecclesiarum Me-tropol. complectens,* 2 *Vol. accedunt ejusdem disquisit. tres de Patriarcha & Metropolita Siciliæ, ac de Præsulum Silicienf. Electione: itemque notitia Capellæ S. Petri & Palatii Panormitani ; ac tandem Cæsaris Baronii Tractatus de Monarchia Siciliæ, fol. Lugd. Bat.* 24. ...
——— *idem liber charta majori.* 32. ...
Puricelli (Joh. Pet.) *Monumenta Basilicæ Ambrosianæ Mediolanensis, hodie Monasterii Cistertiensis, cum fig. fol. Lugd. Bat.* 12. ...
——— *idem liber charta majori.* 16. ...
Rau (Joh. Erh.) *Monumenta vetustatis Germanicæ, sive de Ara Ubiorum, de Tumulo honorario Caii & Lucii, Cæsarum in Confinio Ubiorum ac Trevirorum,* 8. *Ultraj.* 1738. 2. ...
Reynæ (Placidi) *Urbis Messanæ, notitia historica sacra & civilis, ex Italico latine vertit itemque notas & præfationem addidit, Joh. Laur. Mosheim,* 2 *Vol. fol. Lugd. Bat.* 10. ...
——— *idem liber charta majori.* 13. ...
Riccoboni (Ant.) *Commentariorum de Gymnasio Patavino libri VI fol. Lugd. Bat.* 5. ...
——— *idem liber charta majori.* 8. ...
Rieger Introductio ad notitiam rerum naturalium & arte factarum, Hagæ Com. 1742. 4 *Vol.* 4. 30. ...
Rolandini (cognomento Grammatici) *libri Chronicorum de factis in Marchia & prope ad Marchiam Tarvisinam. fol. Lugd. Bat.* 6. ...
Rubei (Octavii) *Monumenta Brixiana S. Antiquitates, Civitatis Brixiæ ex Verf. Lat. Alex. Dukeri . fol. Lugd. Bat.* ⎫
Rubei (Hieron) *Italicarum & Ravennatum Historiarum libri XI. fol. Lugd. Bat.* ⎬ 20. ...
——— *idem liber charta majori.* 30. ...
Sacchi Platinæ (Bapt) *Historia urbis Mantuæ, ex Bibliotheca, P. Lambecii, fol Lugd. Bat.* 7. ...
——— *idem liber charta majori.* 10. ...
Saraynæ (Torelli) *de Civitates Veronæ origine & Monumentis antiquis libri VI. cum fig. fol. Lugd. Bat.* 12 ...
——— *idem liber charta maj.* 16. ...
Saraynæ Historiarum & Gestorum Veronensium temporibus populi & dominorum Scaligerorum libri tres, fol. Lugd. Bat. 6. ...

Scardeonii (Bernh.) *Historiæ de urbis Patavii Antiquitate & claris civibus Patavin. libri III. fol. Lugd. Bat.* 10. ...
——— *idem liber charta majori.* 15. ...
Scheuczeri, Herbarium Diluvianum, fol. Lugd. Bat. 1723. 20. ...
Scriptores Societatis Hafniensis, 4. 2 vol. 1745. 18. ...
Sculteti (Joh.) *Armamentarium Chirurgicum, cum fig.* 8. *Amst.* 1741. 14. ...
* *Seba* (Alb.) *Locupletissimus rerum naturalium Thesaurus, folio forma atlantica,* 4 Tomi, *Amst.* 1734—1765. 475. ...
* ——— *idem liber, Tomus quartus, separatim,* 1761. 125. ...
Specialis (Nicolai) *rerum Sicularum libri octo, fol. Lugd. Bat.* 6 ...
Splendor Magnificent, urbis Venetiarum carissimus, ex Scriptoribus optimis descriptus & figuris illustratus, 2 *Vol. fol. Lugd. Bat.* 60. ...
——— *idem liber charta majori.* 80. ...
Suaresii (Jos. Mar.) *Prænestes antiquæ libri II. Descriptionem hujus urbis & recens. Viror. illustrium continentes &c. cum fig. fol. Lugd. Bat.* 4. ...
——— *idem liber charta majori.* 6. ...
Surgentis (Marci Ant.) *Neapolis illustrata; cum Annotation. Mutii Surgentis, fol. Lugd. Bat.* 10. ...
——— *idem liber charta majori* 15. ...
Turre (Phil. à) *Monumenta Veteris Antii, h. e. inscriptio M. Aquilii & Tabula Solis Mithræ, item inscriptio de Tauro Bolio &c. cum fig. fol. Lugd. Bat.* 8. ...
——— *idem liber charta majori.* 12. ...
Vaillant (Joh. Foy) *Seleucidarum Imperium, sive historia Regum Syriæ, ad fidem numismatum accommodata, cum iconibus, fol. Hagæ* 1732. 20 ...
Valguarneræ (Mariani) *de Origine & Antiquitate Panormi primisque Siciliæ & Italiæ Incolis Dissertatio; ex versione latina ac cum notis & præfat. Joh. Laur. Moshemii, fol. Lugd. Bat.* 4. ...
——— *idem liber charta majori.* 5. 10
Vitalis (Salvat.) *Annales Sardiniæ, cum fig. fol. Lugd. Bat.* 8. ...
——— *idem liber charta majori.* 12. ...
* *Wieling* (Abr.) *Jurisprudentia restituto, sive Index chronologicus in totum juris Justinianæi corpus,* 8. *Amst.* 1727. 8. ...
* ——— *idem liber charta majori.* 12. ...
Zelst de Podagra, 8. 2. ...

L I B R I   I T A L I A N I.

Secchia (la) *Rapita, Poema eroicomico del Sig. A. Tassoni,* 8. *Oxford.* 1737. 6. ...

Vita dell' Imperad. Carlo V. scritta da G. Leti 4 vol. 12. fig *Amst.* 1700. 12. ...